Finanzieller Minimalimus

-

Schaffe ein gesundes Bewusstsein für Deinen Geldbeutel und erlange finanzielle Freiheit

I0475854

Inhaltsangabe:

Einleitung

Konsum verkompliziert das Leben. Denn auch ohne, dass es bewusst wahrgenommen wird, kann Werbung immer wieder suggerieren, dass man ohne bestimmte Produkte oder auch Dienstleistungen nicht leben kann. Viele Sachen werden so in einen Stand erhoben, der sie unverzichtbar macht. Und das, obwohl man sie nicht zum Leben bräuchte. Dank dieses Konsumbedarfs ist man immer wieder angehalten viel Geld zu generieren und zu verdienen, dass all diese unverzichtbaren Güter gehalten und unterhalten werden können. Daraus resultiert, dass langweilige Jobs im Büro, die seit 20 Jahren immer nur das Gleiche abverlangen, immer dasselbe Auto nach Ablauf der Leasingzeit und immer und ewig der selbe langweilige Alltag ihr Leben bestimmen. Rechnungen und Kontogebühren, Verpflichtungen und Trott bestimmen den Alltag. Freiheit und Unabhängigkeit werden zum Fremdwort. Und dabei könnte ein Hauch Minimalismus und eben dieser Lebensstil wieder ein bisschen Wind in das triste Leben bringen. Und hier bietet es sich an, bei den Finanzen zu beginnen. Das, was Ihr Leben im Hauptteil bestimmt, wieder in die Bahnen bringen und sich ein bisschen einschränken, um zu bemerken, dass das Leben damit freier und leichter werden kann - der finanzielle Minimalismus.

1. Kapitel: Was ist Minimalismus?

Minimalismus ist in erster Linie ein sehr bekannter Begriff in den Sparten der Musik, der Kunst und der Architektur. Dieser zeichnet sich durch eine sehr einfache Bauweise oder einen sehr einfachen Klang aus ohne Ausschmückungen. Auch wenn dies im ersten Moment sehr trist erscheint, so kann der Kunstkenner sofort die Hochwertigkeit der Kunst erkennen. Denn in dieser einfachen Gestaltung ist es sehr wichtig, dass jedes Detail stimmt und stimmig ist. Denn nur dann kann der Minimalismus auch seine Wirkung entfalten. Ohne die Verwendung von großen stilistischen Elementen ist der Minimalismus eine sehr beliebte Kunstform, da er nicht aufregt und kein Aufsehen erregt. Der Kern der künstlerischen Aussage steht offensichtlich im Vordergrund.

Aber auch in Bezug auf den Lebensstil spielt Minimalismus eine große Rolle. Denn nur dieser kann zu einem entspannten Leben führen und eine wahre Selbstverwirklichung ermöglichen. Durch die vermeintlichen Einschränkungen, die man dafür im Leben vornehmen muss, ist es möglich den Stressfaktor des Lebens zu senken und damit ein höheres Maß an Selbstzufriedenheit zu erreichen. Wer sich für den minimalistischen Lebensstil entscheidet, hat oftmals eine sehr lange Zeit mit dem vermeintlichen Easy-Lifestyle verbracht. Dank der steigenden Fähigkeiten der digitalen Medien und der raschen Entwicklung der technischen Voraussetzungen sowie der vereinfachten Ernährung mit Fast-Food oder auch klassischem Fertigessen mit Lieferdiensten ist das Leben scheinbar sehr einfach geworden. Sie müssen die Wohnung nicht mehr verlassen um in die Welt zu kommen. Soziale Kontakte können auf Plattformen gepflegt werden, Essen kommt bis an die Haustür und auch alle anderen Dinge des alltäglichen Bedarfs können inzwischen bis in die Wohnung geliefert werden, nachdem sie online bestellt wurden. Auch Arbeiten von zu Hause erfreut sich immer größerer Beliebtheit. Soziale Kontakte mit einem realen Händedruck oder auch eine Vieraugenkonversation ist nicht mehr notwendig.

Auch wenn das zunächst sehr einfach klingt, führt es immer mehr zu Unzufriedenheit, denn der Mensch ist immer noch ein Gesellschaftstier und lebt von Aktivitäten in der Gruppe und echten sozialen Kontakten, die außerhalb des Internets stattfinden. Diese Unzufriedenheit kann der Minimalismus beseitigen, denn dann wird der Überfluss beseitigt. Durch die klare Betrachtung der eigenen Lebensweise ist es möglich, dass die Lebensumstände leichter werden und die Konsumanhängigkeit eingeschränkt werden kann ohne, dass etwas fehlt.

Das Leben wird weniger fremdbestimmt und ist hochwertiger, denn nun spielen echte soziale Kontakte oder auch ein Opernbesuch wieder eine Rolle. Bildschirme bleiben schwarz. Mit der Entscheidung für den Lebensstil des Minimalismus lässt sich nicht nur mehr eigene geistige Stärke gewinnen, sondern auch ein hohes Selbstbewusstsein aufbauen. Denn nur durch wahre Kontakte und reale Erlebnisse außerhalb der virtuellen Welt kann sich der Geist entfalten.

2. Kapitel: Was bedeutet finanzieller Minimalismus?

Im Falle des finanziellen Minimalismus beschränkt sich die Lebensweise bzw. die Veränderung ausschließlich auf die finanziellen Verhältnisse. In diesem Falle werden Ausgaben und Einnahmen gegenübergestellt. Hierbei zeigt sich klar welche Kosten und Verpflichtungen den Alltag bestimmen. In den meisten Fällen hat Werbung und das vermeintliche Bedürfnis nach Befriedigung darauf einen großen Einfluss. Durch hohe Ausgaben ist das Druck immer höher mehr zu verdienen oder auch einen Job mit aller Gewalt zu halten, auch wenn der Enthusiasmus und die Freude daran längst nicht mehr vorhanden sind. Aber allein ein teurer Kapselkaffeeautomat birgt monatliche Kosten, die bei näherem Hinsehen zu vermeiden sind. Denn nicht nur die Anschaffung ist ein Kostenpunkt, sondern auch der ständige Kauf der Kaffeepads, die preislich intensiver zu Buche schlagen als ein normaler Filterkaffee. Dabei müssen alle Kosten immer getragen werden, da die Maschine nur mit diesen Kapseln genutzt werden kann. Und dennoch werden die Kapseln gekauft, auch wenn das Geld immer knapp ist.

Bei der Gegenüberstellung der Einnahmen und Ausgaben wird schnell klar, dass sehr oft Ausgaben getätigt werden für unnütze Gegenstände, die im Haushalt schon doppelt und dreifach vorhanden sind oder die schon minderwertig beim Erwerb sind und damit bedeuten, dass sie oft ersetzt werden müssen und damit das monatliche Budget und die Chance auf Ersparnisse wieder schmälern. Wie oft kaufen Sie ein, weil das akute Bedürfnis nach der Sache besteht und dann wird sie nie genutzt? Daraus entsteht finanzieller Druck, der immer wieder bedeutet, dass monatliche Einkünfte in einer gewissen Höhe erbracht werden müssen. Wenn die Gegenüberstellung einmal vorliegt, dann kann man damit in den Minimalismus übergehen und sich daran versuchen. In diesem Falle kann die Umsetzung dieses Lebensstils sehr lang dauern, denn es ist nicht einfach kategorisch auf alles zu verzichten, was einem vermeintlich lieb ist. Generell sollte der monatliche Grundbedarf so niedrig sein, dass er mit einem Minimum an Arbeit gedeckt werden kann und auch noch ein Polster für den Aufbau von Kapital überbleibt, denn das ist für den Erhalt des Lebensstils unerlässlich. Wenn man sich überwindet weniger Geld in die Hand zunehmen und nicht jedem Trend nachzugeben, dann wird man mutig und selbstbewusster. Das passiert automatisch, denn so einfach lässt sich nie wieder "Nein" sagen. Allerdings müssen Sie auch damit rechnen, dass das Umfeld dies zunächst merkwürdig finden wird.

Normalerweise ist es so, dass die Bedürfnisse mit steigendem Einkommen wachsen. Wenn man sich nun „back to the roots" bewegt, kann man feststellen, dass viele Kosten vor zehn Jahren noch keine Rolle spielten und Sie auch gut ohne sie leben konnten. Damit beginnt das große Abwägen. Der erste Schritt in den finanziellen Minimalismus.

3. Kapitel: Warum sollte man seine Finanzen minimalisieren?

Eine Minimalisierung der Finanzen ist essentiell sehr wichtig für die eigene Zufriedenheit. Denn auch wenn es zuerst nicht glaubhaft erscheint, aber sobald man seine Verhältnisse wieder ein bisschen zurücksetzt und auf alle Dinge verzichtet, die überflüssig sein, kann man entspannen und sein Leben neu ordnen. Auf einmal sind viele Verpflichtungen nicht mehr aktuell und auch nicht mehr lebenswichtig. Dadurch entsteht eine Befreiung von gesellschaftlichen Zwängen. Das Lernen "Nein" zu sagen und damit auch glücklich zu sein ist sehr entscheidend dafür. Denn nur so können neue Wege gegangen werden. Wenn nur noch die Hälfte der Kosten des alltäglichen Lebens anfällt und auch die anderen Bedürfnisse kleiner werden, dann könnte man sich sehr schnell freier entfalten. Die Zeit für ein Hobby oder auch der Versuch in einem neuen Job durchzustarten ist dann gekommen. Warum nicht endlich etwas wagen und das Leben für sich wieder interessant machen? Wenn alle Einlagen oder auch der Verkauf unnützer Gegenstände diesen Schritt sichern und das Leben sichern, dann kann man Schritte wagen, die einem sonst verborgen geblieben wären. Es sind keine High-Class- Umstände mehr, aber die Ängste, die sich um die Zukunft drehten und die Resignation, die sich eingeschlichen hat und begonnen hat den Alltag einfach Alltag sein zu lassen, kann so bekämpft werden. Ebenso festigen sich wieder sozialen Verbindungen und erweitern sich mit jedem Treffen. Gemeinsame Unternehmungen, die nicht einmal etwas kosten müssen, und viele Abend miteinander ohne großen Aufwand helfen dabei. Mit dem steigenden persönlichen Kontakt steigt auch wieder das Bildungspotential des Einzelnen. Abläufe, die sonst sehr mechanisch und immer wieder gleich waren, können nun wieder optimiert und angepasst werden. Das ist Freiheit im wahren Sinne ohne, dass die Kreditkarte dafür glüht oder das eigene Leben nur eine Bank ist.

4. Kapitel: Was ist finanzielle Freiheit?

Finanzielle Freiheit lässt auf drei Ebenen kategorisieren.

1. Niedrige Lebenshaltungskosten und keine Arbeit

In diesem Falle kehren Sie wirklich zu den Wurzeln zurück, denn dies bedeutet, dass Sie entweder im Wald leben und sich nur von Beeren und Jagdgut ernähren und sich aus den vorhandenen Materialien einen Unterschlupf bauen oder Sie kommen bei Freunden unter und können dort mietfrei und gut versorgt ohne Arbeit oder Beteiligung an den Kosten unterkommen. Das wäre der einfachste Fall, aber nicht wirklich realistisch umsetzbar, da auch die menschliche Evolution ein Leben unter freiem Himmel nicht mehr problemlos möglich macht.

2. Einnahmequellen, die einmal generiert wurden und dann keine Arbeit mehr erfordern

Diese Form der Bestreitung der Lebenshaltungskosten ist auch noch sehr vage, denn in diesem Falle kann es sich zum Beispiel um Webinare oder auch Onlinekurse handeln. In diesem Falle ist die Gefahr immer gegeben, dass die Umsätze und Einnahmen, die damit erzielt werden nicht von Dauer sind auch in der Höhe stark variieren. Zwar kann das Leben von diesen Einnahmen bestritten werden und auch ein Kapital kann aufgebaut werden, aber es ist nichts von Dauer und damit ist die dauerhafte Bemühung des Minimalismus nicht möglich.

3. Passives Einkommen aus Zinsen, Zinseszins oder Mieteinnahmen

Im Rahmen der Umsetzung des finanziellen Minimalismus ist es möglich, dass Güter verkauft werden. Diese Er5löse bilden dann das Kapital oder wenn eine Immobilie vorhanden ist, sind regelmäßige Mieteinnahmen in konstanter Höhe vorhanden. Ebenso verhält es sich bei der Anlage von Kapital. Aus den resultierenden Zinsen kann dann der Lebensunterhalt dann bestritten werden. Somit bleibt effektiv mehr Zeit für die Selbstverwirklichung.

5. Kapitel: Wie erreicht man finanzielle Freiheit?

Zum Ausleben des finanziellen Minimalismus ist es notwendig, dass dieser Schritt wohl überdacht ist und Sie auch zu hundert Prozent hinter der Entscheidung stehen. Denn besonders in den ersten Wochen und Monaten kann diese Entscheidung auf sehr viel Gegenwehr aus dem Umfeld stoßen. Besonders wenn Freunde oder auch die Familie einen gewissen Lebensstandard pflegen und diesen auch finanzieren können immer wieder Diskrepanzen entstehen. Wichtig ist, dass die Entscheidung nur für einen selbst wichtig ist und vor allem, dass man nicht beginnt sich zu rechtfertigen. Denn dann ist die Entscheidung nicht stark genug. Und damit wird auch der Wille zur Veränderung negativ beeinflusst.

In allererster Linie sollte man sich bewusst sein welche Form der Freiheit man erlangen möchte.

Möchten Sie nur die Freiheit vom Arbeitgeber?

Endlich in der Lage sein können sich einen Job auszusuchen. Und zwar nicht, weil er ein wahnsinnig hohes Gehalt mit sich bringt, sondern weil er Spaß macht oder auch weil er neue Welten und Möglichkeiten eröffnet. Neue Aufgaben, die auch Platz für Kreativität und andere Richtungen lassen.

Wer schon seit Jahrzehnten immer denselben Job erledigt und die Arbeitszeiten und die Arbeitsabläufe schon einen stupiden Anklang haben, wünscht sich immer wieder Veränderung. Leider sind alle Lebenshaltungskosten ein großer Faktor, der eine Veränderung unmöglich macht und keinen Platz für Experimente lässt. Damit ist man gehemmt. Was kann man tun? Vielleicht doch die teure Kaffeemaschine und deren Kapsel streichen? Schon 50€ weniger im Monat, die berappt werden müssten. Vielleicht lässt sich das mit anderen Dingen auch machen?

Oder soll die Freiheit vom Konsum erreicht werden? Suggestion ist das, was die Werbung ausmacht. Auslagen in Geschäften und Kaufhäusern, Warenregale und viele andere Einrichtungen sind nach einem psychologischen Prinzip aufgebaut, das Bedürfnisse beim Verbraucher weckt, die er bis dato gar nicht hatte. Wenn er diesem Bedürfnis einmal nachgegeben hat und es ihm auch gefällt, dann wird es immer wieder befriedigen. Auch wenn das die monatlichen Ausgaben nach oben schnellen lässt. Schnell ist mehr ausgegeben als in die Kasse gespült wurden ist. Mit den richtigen Maßnahmen und einem starken Willen können solche Bedürfnisse aber abgestellt werden oder gar nicht erst aufflammen. Egal wie groß die Suggestion ist. Warum sollte es also ein neuer Lippenstift in ähnlicher Farbe sein, wenn ein anderer noch im Schrank steht und dort schon nicht zum Einsatz kommt?

Das Erreichen der Freiheit von Konventionen

In diesem Falle vereinen sich die ersten beiden Möglichkeiten mit dem Ansehen in der Gesellschaft. Mit der Entbehrung einiger Bedürfnisse und Konsumgüter stellt man sich automatisch gegen die Gesellschaft, die in der Mehrheit diese Dinge als gut und notwendig befindet. Hier wird schon die Diskussion ausreichen, wenn nicht mehr das Markenprodukt genommen wird. Auch wenn günstigere Produkte denselben Zweck erfüllen, so werden sie in den Augen vieler anderer Verwender nicht tauglich sein. Mit der Entscheidung für den Minimalismus entscheiden Sie sich auch für das "Nein" gegenüber der allgemein gültigen Vorstellung. Überraschend kann es werden, wenn man beweisen kann, dass alle Regeln nicht immer auf festem Boden gebaut sind und sich leicht wiederlegen lassen. Dann wird sich die Gesellschaft vielleicht auch ein bisschen verändern und sich außerhalb der Regel bewegen.

Doch welche Freiheit auch immer erlangt werden soll, es werden nur zwei Wege in diese Freiheit führen können.

Der naheliegende Weg ist die Kostenminimierung. Allerdings bildet diese auch den umständlicheren Weg. Denn hier können nicht sehr schnell neue Wege beschritten werden. Es müssen Abstriche gemacht werden, die auch zuerst erprobt werden müssen.

Am einfachsten lässt sich dieser Weg beschreiten in dem alle Ausgaben, die anfallen kritisch betrachtet werden. Dabei kann es gut möglich sein, dass einige Posten auffallen, die stillschweigend bezahlt werden, aber nicht genutzt werden oder auch keinen Nutzen mehr haben, weil sich die ganze Situation verändert hat. Mit der Bereitschaft zur Veränderung wäre ein Zeitpunkt sehr gut, den man erreichen möchte, in dem man schon einmal gelebt hat. War es nur die einfache Milch vor der Gehaltserhöhung? Konnte man damit auch leben? Dann wird es wieder die einfache Milch werden und schon sind ein paar Cent gespart. Wenn man dieses Abwägen beginnt, dann sollte man sich bewusst sein, die radikal und rabiat die Veränderung passieren soll. Auf dieser Basis fallen dann auch die Entscheidungen leichter. In diesem Zuge müssen aber auch die Entscheidungen weiter durchgezogen werden. Alles was gespart wird, muss als Kapital angelegt werden, damit die gewonnene Freiheit auch erhalten werden kann. Somit können passive Einkünfte erzielt werden, die dann zur Bestreitung der anfallenden Kosten eingesetzt werden können. In diesem Zuge ist es auch möglich, sich von den Lastlasten des Lebens zu trennen. Alle Güter, die nicht mehr gebraucht werden können verkauft werden. Das hat zwei positive Effekte.

Es ist eine Grundlage für das Kapital geschaffen. Und es wird die Belastung des Lebens und der Druck des Machen-Müssens genommen. Der Besitz von sehr vielen Gegenständen oder Gütern kann auch eine Last darstellen. Denn sie fordern nicht nur Unterhaltungskosten, sondern auch viel Platz und eine örtliche Bindung. Ein Umzug kann nicht einfach passieren. Alles muss im neuen Domizil untergebracht werden. So kann es passieren, dass viel mehr Platz bezahlt werden muss als man tatsächlich für sich braucht. Ebenso ist der Umzug ein großer Punkt. Denn Veränderungen sind dann leichter, wenn man nicht viel Gepäck mit sich nimmt. Zu überlegen ist der Grundsatz, ob Sie etwas aufheben, wenn es mit auf Reisen genommen werden könnte, wenn Sie nur einen Rucksack dabeihaben dürfen. Denn dann muss alles andere mit blanken Händen getragen werden. Auf diese Weise kann man sich von vielen Lasten befreien und ein Kapital aufbauen.

Mit diesem Kapital ist die eine Möglichkeit geschaffen, die einem das Leben leichter machen kann. Allerdings muss die Lebensweise dann auch beibehalten werden. Dazu gilt auch, dass jede Neuanschaffung nicht nur als zukünftiger Kostenfaktor mit bedacht wird, sondern auch die Größe und der Umfang der Last bedacht werden muss. Entstehen wieder zusätzliche Kosten und müssen diese wirklich sein? Ist das Leben lebenswerter mit dieser Anschaffung? Weiterhin ist es ratsam, dass man alle anderen Verpflichtung, die nicht in materiellen Dingen bestehen, überprüft. Zahlt man jeden Monat Versicherungen, die vielleicht keinen Nutzen mehr haben oder nicht mehr das abdecken, was sie sollen? Kann man dadurch eine Einsparung vornehmen? Auch Preisvergleiche können hier helfen, wenn die Investition unerlässlich ist. Diese Form des Beginns des materiellen Minimalismus erfordert keine Veränderung der Einkünfte, verlangt aber einen hohen Zeitaufwand, der bestritten werden muss.

Wer vorerst nicht auf den Lebensstandard oder auch die allgemein anfallenden Ausgaben verzichten möchte und sich diesen Status erhält und dennoch freier sein möchte, der muss seine Einnahmen erhöhen. Das bedeutet aber auch, dass es eine massive Einschränkung mit sich bringen wird. Zu Bedenken ist, dass immer weitere Einnahmequellen generiert werden müssen, die die monatlichen Einkünfte erhöhen und damit dann auch die Möglichkeit schaffen, dass ein Kapital angehäuft werden kann. Es sollte immer bedacht werden, dass die Anhäufung des Kapitals dazu dient, dass die finanzielle Freiheit auf lange Dauer erhalten werden kann. Nur damit kann die Selbstverwirklichung erreicht werden und es auch zu einer Entspannung des Lebens kommen. In diesem Falle sollte bedacht werden, dass auch Hobbys zu einer Einnahmequelle werden können. Sofern bei diesen Aktivitäten Produkte entstehen, die sich vermarkten lassen, würde dies eine sehr gute Möglichkeit zur Steigerung der Einnahmen darstellen. Allerdings muss dann auch die Zahl der Produkte stimmen. Wenn ein Werkstück fertig ist, sollte es zu einem angemessenen Preis an den Kunden gebracht werden. In jedem Falle gilt es zu beachten, dass auch die Zahl der Werkstücke beachtet werden muss, damit das Kapital in einem gewissen Zeitraum wachsen kann. Denn wenn diese Anhäufung zu lang dauert, dann kann das Ziel der finanziellen Freiheit wieder in weite Ferne rücken. Auch wenn die Herstellung der Produkte des Hobbys sehr viel Freude bereiten kann und man damit auch ein gestecktes Ziel verfolgt, muss man immer bedenken, dass auch die Herstellung Zeit in Anspruch nimmt. Da diese Einnahmequelle zusätzlich zu bereits vorhandenen erfolgen wird, müssen trotz allem auch immer Ruhephasen eingebaut werden. Durch die vermeintliche Erhöhung der Einnahmen sollte die Belastung des geistigen und körperlichen Wohls gegenübergestellt werden. Schnell kann sich ein Burn-out oder auch ein Erschöpfungssyndrom entwickeln. In dessen Folge kommt es dann zu Verdienstausfällen, da lange Krankschreibungen oder aber auch der Verlust der Einnahmequellen die Konsequenz einer Überlastung sein können. In jedem Falle muss man immer den Anforderungen der Aufgaben gerecht werden und diese auch zuverlässig erfüllen ohne dabei die körperliche und psychische Gesundheit zu gefährden. Weiterhin wäre diese Gefährdung wieder ein Stressfaktor, der eigentlich mit der finanziellen Unabhängigkeit minimiert werden soll.

Mit der Anhäufung von Kapital ist es möglich ein passives Einkommen zu realisieren. Von diesem kann perspektivisch dann der Lebensunterhalt ohne Einschränkungen bestritten werden. In diesem Falle sollte aber auch zu Bedenken sein, dass das Kapital eine gewisse Zeit braucht um anzuwachsen. Daher ist es zu überdenken, ob es eventuell ratsam wäre dennoch leichte Abstriche im Lebensstandard zu machen und die Kosten zu minimieren. In diesem Falle wäre es eine Kombination aus dem ersten und dem zweiten Weg, der das Erreichen des Ziels schneller ermöglicht.

6. Kapitel: Die Auswirkungen von einem freien minimalistischen Leben

Der finanzielle Minimalismus ist ein Weg das Leben einmal richtig auszumisten und sich wieder auf das Wahre zu konzentrieren. Dabei ist es eine Erfahrung, die man machen kann, die einem aufzeigt, dass das Leben befreiter vom Zwang des Konsums und der Arbeitsplatzbindung ist, wenn man auf ein paar Dinge verzichtet, ohne die man auch vor zehn Jahren problemlos leben konnte. Der Fluch der Weiterentwicklung und Verbequemlichung der Gesellschaft macht vielen zu schaffen und schafft mehr Unzufriedenheit. Bereits heute finden sich immer mehr Organisationen, die sich gegen den Konsumwahn und die manipulative Werbung stellen und ihren eigenen Lebensstil verfolgen. Damit setzen sie auch die Grundlagen für neue Konventionen.

Bereits heute gibt es sehr viele Plattformen und Seiten im Netz, die Familien oder auch anderen Gruppen aufzeigen, wie sie Zeit miteinander verbringen können, ohne dabei eine Unmenge an Geld zu investieren. Das allgemeine Zusammensein und Spaß haben steht wieder mehr im Mittelpunkt, um die sozialen Bindungen zu stärken. Auch Familien profitieren von diesen Änderungen, denn auch ihnen kann die Nähe sehr viele Veränderungen bringen. Damit können sie auch entscheidend zur psychischen Gesundheit aller Mitglieder beitragen.

Weiterhin finden sich immer mehr Tauschplattformen. Anstatt wegen einer kleinen Reparatur im Haushalt extra ein Elektrogerät zu kaufen oder wegen einer einfachen Fahrt zu einem Möbelmarkt ein Auto kaufen, werden hier Sachen und Dinge verliehen oder getauscht. Während der Eine eine Bohrmaschine zur Verfügung stellen kann, kann der andere ein Auto verleihen oder aber auch die Besorgung machen. Oftmals verlangen die meisten nicht einmal einen Obolus. Sie freuen sich aber über die sozialen Kontakte und die neuen Bekanntschaften, die sie machen können. Auf diesen Plattformen ist es üblich, dass sich Menschen, die räumlich sehr nah beieinander wohnen, sich verabreden und dann der Tausch oder das Ausleihen stattfindet. Allein durch diese Handlung entsteht ein sozialer Kontakt und vor allem auch ein Gespräch, dass nicht nur zum Erfahrungsaustausch dient, sondern auch zum entspannten Umgang mit Menschen.

Im Allgemeinen lässt sich sagen, dass die Menschen, die den finanziellen Minimalismus leben auch entspannter leben können. Da sie sich in den meisten Fällen dazu entschieden haben die Kosten des täglichen Lebens weitestgehend zu reduzieren, müssen weniger Einkünfte generiert werden. Dies bedeutet wiederum weniger Arbeit und mehr Freizeit. Diese kann dann wieder in soziale Kontakte oder in Hobbys investiert werden. Auch das Innehaben eines Ehrenamtes kann nun keine Hürde mehr darstellen. Dies ist in Verbindung mit dem eigenen Hobby dann die bestmögliche Lösung und man kann sich für eine Sache engagieren, für die Sie unter normalen Umständen und dem Einkommensdruck keine Zeit gehabt hätten.

8. Kapitel: Zusammenfassung

Finanzieller Minimalismus ist ein guter Start in eine entspannte Lebensweise. Dabei sollte man sich bewusst sein, dass man diese Entscheidung für sich selbst trifft und auch zu Beginn mit ungewissen Reaktionen des Umfeldes rechnen muss. Wichtig ist, dass man sich nicht von seinem Weg abbringen lässt und vor allem auch von anderen nichts erwartet. Wenn Freunde und Familie die Entscheidung anzweifeln, dann ist keine Rechtfertigung angebracht. Aber ein Erfolgsbericht und das Aufzeigen der Vorteile, wenn man sie auch für sich erkannt hat, können die Situation entspannen.

Durch das Leben des finanziellen Minimalismus können Sie wieder erkennen, was man wirklich zum Leben braucht und wie leicht es sich leben lässt, wenn die finanziellen Verpflichtungen auf ein Minimum reduziert sind. Dabei muss auf nichts verzichtet werden, den jeder entscheidet die Form des Minimalismus für sich. Je mehr die Kosten allerdings reduziert werden, desto mehr Freiheiten können erlangt werden. Besonders die Bindung an einen Beruf oder an eine Arbeitsstelle kann damit lockerer gesehen werden. Die Möglichkeit der Weiterentwicklung oder der Reiz des Neuen und des Ausprobierens können nun bewusst wahrgenommen und auch umgesetzt werden.

Mit der Entscheidung für den finanziellen Minimalismus trifft man auch die Entscheidung gegen gewisse Konventionen und auch die Suggestion der Medien. Denn Werbung hat dann keine Chance mehr. Auch Ausgaben und Investitionen können nun realistischer eingeschätzt und überdacht werden. Mit dieser Entspannung des Lebens können mehr Türen offenstehen als Sie je gedacht hätten.

Besonders die Bindung zu anderen Menschen und das Pflegen der sozialen Ebene rücken wieder mehr in den Vordergrund. Probleme und Anliegen können offener besprochen werden und eine Lösung kann sich schneller finden. Denn nun stehen nur die Menschen im Mittelpunkt und nicht der Druck, was man sich leisten kann oder der Drang nach teuren und animationsreichen Aktivitäten, die keinen Raum für persönliche Bindungen lassen.

Auf diese Weise wird kein Druck mehr aufgebaut und es lässt sich leichter und überraschter leben, denn Sie brauchen nicht alles, was andere auch haben um mit sich und Ihrem Leben glücklich zu sein.

Schlusswort

Abschließend möchte Ich mich noch einmal von ganzem Herzen bei Ihnen bedanken.

Mit dem Erwerb dieses Ratgebers haben Sie mir gezeigt, dass Sie Vertrauen in mich, meine Erfahrungen und meine Arbeit gesetzt haben.

All das Wissen habe Ich mir über die Jahr mühsam angeeignet und versuche dieses nun so gut und verständlich wie möglich Ihnen mit auf den Weg zu geben. Ich hoffe Ich kann Sie damit auf Ihrem Lebensweg unterstützen!

Ich hoffe, dass Sie einiges aus diesem, bewusst kurz gehaltenen Ratgeber, der alles knackig auf den Punkt bringen sollte, mitnehmen konnten und mit den Inhalten, Tipps und Tricks positive Veränderungen erzielen können.

Über ein Feedback Ihrerseits, mittels einer Bewertung auf Amazon, würde ich mich sehr freuen und es sehr schätzen!

Ich wünsche Ihnen für Ihre Zukunft alles erdenklich Gute und hoffe Sie auch weiter auf Ihrem Weg, mit meinen Erfahrungen und Tipps, unterstützen zu dürfen.

Herzlich grüßt,

Kira Fröhlich

Bonus-Kapitel:

Um meine Dankbarkeit noch ein bisschen mehr zum Ausdruck zu bringen möchte ich Dir hier einen kleinen Ausschnitt meinem Buch: **Entrümpeln** kostenlos schenken. Den Link zum Buch findest Du auch nach diesem Kapitel unter den Büchern der Autorin. Viel Spaß!

3. Kapitel: Warum das Entrümpeln glücklich macht

Viele behaupten, dass das Entrümpeln glücklich macht. Dabei werden folgende Gründe hervorgehoben, worüber sicher ein jeder seine eigene Meinung haben darf:

Loslassen üben

Das Entrümpeln ist dafür ein Trainingslager. Besonders wenn es um kaputte Sachen geht, die man nicht mehr in Ordnung bringen will oder kann, ist es oftmals eher eine Erleichterung und schafft noch obendrein Platz. Wenn wirklich etwas nicht mehr gebraucht wird und es nicht zu den Dingen zählt, an denen man hängt, kann man das gute Stück auch weggeben. Denn dann hat ein anderer seine Freude daran und es hat irgendwo noch einen Nutzen.

Angst vor der Zukunft verlieren

Denn sicher hat sich ein jeder schon mal gefragt, kann ich das Stück nicht vielleicht doch noch mal gebrauchen und dann vermisse ich es. Aber es gibt auch die Möglichkeit, aus alten unbrauchbaren Teilen noch etwas Neues zu machen. Das Vorratsdenken ist weit verbreitet und hatte zu Zeiten des Mangels auch seine Begründung. Vorräte, Ersatzteile oder Doppelausführungen sollen später einen vermeintlichen Verlust der Sache ausgleichen. Gut, Autoersatzteile für ältere Modelle sind auch heute schwer zu haben und Vorräte in Form von Nahrungskonservierung wie zu Großmutters Zeiten kennt wohl auch noch ein jeder. Es ist zeitgebunden, was man bevorratet und was Sinn macht. Aber es gibt auch die Dinge, die man Plunder nennen kann. Sie kosten nicht viel Geld, rauben Lebenszeit, benötigen mitunter viel Platz, müssen trotzdem gepflegt und abgestaubt werden, könnten Verlustschmerz erzeugen oder überleben uns sowieso länger. Hinter all diesen Sammlungen, sofern sie kein Engpassausgleich sind, verbirgt sich Angst vor der Zukunft, die in manchen geschichtsträchtigen Zeiten ihren Ursprung und auch ihre berechtigte Begründung hat.

Man lebt nicht mehr in der Vergangenheit

Sich an Dinge zu erinnern, die man vermisst und nicht mehr zurückholen kann, wirkt mitunter wie eine Trauer auf eine längst vergangene Zeit. Was bedeutet mir der Ring meiner Großmutter im Verhältnis zum gesammelten Sandstrand des letzten Urlaubs? Welchen Wert haben die Dinge, die man nicht mehr gebrauchen will? Sammlungen, die aufgehoben werden sollen, sollten auch in geordneter und beschrifteter Übersicht sortiert in Alben oder extra Kartons aufbewahrt werden. Wenn sie aber ungeordnet nur so abgelegt sind und nicht zugeordnet werden können, haben sie eigentlich auch den Sammelwert verloren. Souvenirs aus dem Urlaub oder bestimmte seltene Düfte in Flacons verdienen durchaus die Erinnerung, die damit verbunden sind. Manche guten Stücke lassen Erinnerungen an Verstorbene, die man sehr vermisst, wieder wach werden. Es kommt darauf an, wie sehr man damit verbunden war. Bei vielen Stücken zu einem Thema reicht auch das Aufbewahren eines Teils davon. Denn Erinnerungen sind in unserem Kopf und in unserem Herz. Erinnerungen sind auch dann vorhanden, wenn kein Erinnerungsstück des Themas oder der Person mehr vorhanden ist.

Das Zuhause wird das Wohlfühlschloss

Es ist ein schönes Gefühl, die Tür zu öffnen und zu Hause zu sein. Manche fühlen sich nirgendwo mehr zu Hause, weil sie zwangsenteignet wurden oder gegen sie eine Räumungsklage lief. Diese Menschen irren umher, um wieder ein Zuhause als eigenes Zuhause zu finden. Es ist auch nicht unbedingt jede Wohnung ein Zuhause. Zu Hause ist dort, wo man sich wirklich wohl und geborgen fühlt. Es ist der Ort, der ungestört von anderen sein sollte, wo man in Ruhe entspannt und wohin man sich zurückziehen kann, um Energie zu tanken. Dazu sollten die eigenen vier Wände dienen. Und fast ein jeder, der einen normalen Bezug zu seinem äußeren und inneren Zuhause besitzt, gestaltet sich diesen Bereich so schön wie für ihn möglich nach eigenem Geschmack. Man soll ein Glücksgefühl haben, wenn man sich entspannt auf die Couch setzt, in der Küche sich etwas Leckeres zubereitet oder sich mit Aromadüften unter die Dusche stellt. Aber wenn überall die Wohnung vermüllt ist, man nicht ohne Saldo von einem Ort zum anderen kommt und die Wohnung obendrein noch übel riecht, dann ist dieses Heim kein Zuhause sonder eine Belastung für die Seele. Volle überlagerte Räume strengen an und schaffen keine ruhige Atmosphäre. Aufgeräumte ordentliche Zimmer hingegen beruhigen.

Es findet sich alles an seinem Platz

Sicher ist es jedem schon mal passiert, einen Gegenstand zu verlegen. In einer geordneten Wohnung findet sich das gute Stück dann aber schneller wieder, besonders dann, wenn man sich der Schritte, die man zuletzt gemacht hat, intensiv erinnert. Im ungeordneten Zustand einer Wohnung verschwindet daher eher schnell etwas auf Nimmerwiedersehen. Oft sind Dinge auch doppelt gekauft worden, die man schon besitzt oder man findet beim Entrümpeln etwas wieder, was man schon lange vermisst. Was bleibt, ist die Erkenntnis, je weniger man durchwühlen muss, desto besser ist für alle Dinge die Übersicht, alles an seinem vorgesehenen Platz wiederzufinden.

Man übt, Entscheidungen zu treffen

Entrümpeln ist mit einer Entscheidung nach der anderen verbunden. Man hört nicht auf, ununterbrochen zwischen Ja oder Nein zu wählen. Ja, behalte ich diesen Gegenstand aus einem bestimmten Grund und Nein, werfe ich ihn weg, weil er für mich wertlos ist. Nicht immer sind die Entscheidungen rational, eher geschehen sie aus dem Bauchgefühl heraus. Man muss lernen, dass die eigenen Entscheidungen richtig sind und dass man seinen eigenen Entscheidungen trauen kann. Das ist auch wichtig für andere Bereiche im täglichen Leben.

Man sieht klarer

Das Chaos einer Wohnung bildet sich unbewusst auf unsere Gedanken ab. Der Besitz von Dingen verpflichtet auch, sie zu pflegen und sorgsam damit umzugehen. Es ist die Aufgabe jedes Einzelnen, den Besitz zu schützen, zu pflegen, zu bewahren und auch zu vermehren. Man sollte nur das besitzen, was Freude macht und wirklich gebraucht wird.

Man erkennt, was einem wirklich wichtig ist

Entrümpeln bedeutet auch minimalisieren. Das heißt, nur das aufzubewahren, was wirklich notwendig ist. Man unterstellt sich selbst einer eigenen Individualität, und das bedarf nicht vieler Dinge. Was ist wichtig, Job, Menschen, Träume? Auch Menschen, die nur schaden und keine Freude bereiten, sondern einem noch obendrein übel mitspielen, unehrlich sind, betrügen etc. sind eigentlich überflüssig. Da sind mitunter auch Menschen dabei, die einem irgendwann einmal viel bedeutet haben.

Weiter Bücher der Autorin:

Entrümpeln: Das Geheimnis der physischen und
psychischen Reinigung durch Minimalismus

Rechtliches und Impressum:

Ich bin stets bemüht, alle Informationen und Angaben in diesem Buch korrekt und auf dem neusten Stand zu halten. Leider ist es trotzdem nie vollkommen ausgeschlossen, dass Fehler und Unklarheiten entstehen. Aus diesem Grund übernehme Ich keine Gewähr für Aktualität, Richtigkeit, Qualität und Vollständigkeit dieses Werkes. Für Schäden die durch die (Nicht-) Nutzung dieser Informationen, sowohl mittel- als auch unmittelbar entstehen, hafte Ich nicht. Für Hinweise auf Fehler und Unklarheiten wäre Ich Ihnen sehr dankbar!

Kira Fröhlich wird vertreten durch:
Daniel Karnatz
Tiefer Weg 22
01689 Weinböhla
karnatzdaniel@gmail.com